DIE GENIALSTEN WEGE, um zu weihnachten NICHT komplett auszurasten

MAX RICHTER

DAS LUSTIGES GESCHENKBUCH FÜR WEIHNACHTS MUFFEL

MIX
Papier aus verantwortungsvollen Quellen
Paper from responsible sources
FSC® C105338

FSC
www.fsc.org

In diesem Buch verewigt sich

_____

ANLEITUNG

1. DIESES BUCH IST DEIN GEHEIMES VENTIL FÜR WEIHNACHTSFRUST - NUTZE ES WEISE! WENN DU DAS NÄCHSTE MAL KURZ DAVOR BIST, DEN WEIHNACHTSBAUM ANZUZÜNDEN, GREIF LIEBER ZU DIESEM BUCH.

2. ES GIBT KEINE FALSCHEN ANTWORTEN - NUR KREATIVE LÖSUNGEN FÜR NERVTÖTENDE FESTTAGS SITUATIONEN.

3. PERFEKTIONISMUS IST HIER FEHL AM PLATZ - LASS ES KRACHEN!

4. DIE REIHENFOLGE IST EGAL - SPRING WILD DURCH DIE SEITEN. GENAUSO WIE DU DICH DURCH DIE FESTTAGE SCHLÄGST.

5. INTERPRETIERE DIE AUFGABEN, WIE DU WILLST. SOLLTE "GESTALTE EINE WEIHNACHTSKUGEL" FÜR DICH BEDEUTEN, EINEN TOTENKOPF ZU MALEN - NUR ZU!

6. SOLLTE DEINE OMA FRAGEN: DIES IST EIN SEHR WICHTIGES WEIHNACHTS-ANDACHTSBUCH.

7. GLÜHWEINFLECKEN, PLÄTZCHENKREUMEL UND TRÄNEN DER VERZWEIFLUNG SIND ERLAUBT. SIE VERLEIHEN DEM BUCH CHARAKTER.

EXPERIMENTIERE, HAB SPAß DABEI UND DENK DRAN:

WEIHNACHTEN IST NUR EINMAL IM JAHR. ZUM GLÜCK.

WILLKOMMEN IM IRRENHAUSWILLKOMMEN IN DER HÖLLE,

äh, ich meine natürlich zur schönsten Zeit des Jahres!

Du hältst gerade den ultimativen Überlebensguide für die kommenden Wochen voller Glühweinexzesse, Familienwahnsinn und Konsumterror in deinen zitternden Händen.

Lass uns Klartext reden: Weihnachten ist wie eine Achterbahnfahrt durch ein Minenfeld aus Erwartungen, Traditionen und der ständigen Gefahr, Tante Ernas selbstgestrickten Pullover tragen zu müssen. Aber keine Sorge, mit diesem Buch wirst du die Feiertage überleben, ohne komplett auszurasten.

Auf den folgenden Seiten findest du keine besinnlichen Weihnachtsgeschichten oder Anleitungen zum perfekten Plätzchenbacken. Stattdessen bekommst du eine Portion ungeschönte Wahrheit, garniert mit einer kräftigen Prise Galgenhumor. Wir werden gemeinsam lachen, fluchen und uns vielleicht sogar ein bisschen betrinken (hey, irgendwie muss man die Feiertage ja überstehen).

Also, schnapp dir einen Glühwein, mach's dir auf deinem Sofa gemütlich und bereite dich darauf vor, Weihnachten so zu nehmen, wie es wirklich ist: ein chaotisches Fest der Extreme, bei dem du entweder lachst oder weinst. Mit diesem Buch in der Hand wirst du hoffentlich mehr lachen als weinen.

Und denk dran: Wenn alles andere scheitert, kannst du dieses Buch immer noch als Untersetzer für deinen Eierlikör benutzen oder als Wurfgeschoss gegen nervige Verwandte einsetzen.

Frohe sch**ß Weihnachten!

Max

DIE VORWEIHNACHTSZEIT ÜBERLEBEN
Ein Crashkurs in festlicher Frustrationsbewältigung

Die Vorweihnachtszeit — jene magische Periode des Jahres, in der der Glühwein fließt, die Kreditkarten glühen und dein Nervenkostüm dünner ist als das Geschenkpapier vom Discounter. Willkommen in der Jahreszeit, in der „Besinnlichkeit" ein Fremdwort ist und „Stress" dein zweiter Vorname wird.

Es beginnt ganz harmlos: Ein kleiner Weihnachtsmarkt hier, ein Adventskranz da. Doch bevor du dich versiehst, bist du in einem Strudel aus Zimtsternen, „Last Christmas" in Dauerschleife und Geschenkpanik gefangen. Plötzlich findest du dich an einem Dienstagabend um 22 Uhr im Kaufhaus wieder, verzweifelt auf der Suche nach dem perfekten Geschenk für Tante Erna, die du nur einmal im Jahr siehst und deren Vorlieben dir so fremd sind wie die Inhaltsstoffe von Früchtebrot.

Aber keine Sorge, liebe Leserin, lieber Leser! Mit der richtigen Einstellung (und vielleicht einem Schuss Rum im Kaffee) lässt sich auch diese Zeit meistern. Denk einfach daran: Weihnachtsmärkte sind im Grunde nur überteuerte Open-Air-Bars mit Mittelalter-Charme, und der Geschenkestress ist eigentlich nur ein ausgeklügeltes Fitnessprogramm, bei dem du von Geschäft zu Geschäft hetzt und dabei Kalorien verbrennst.

Und was ist mit der allgegenwärtigen Weihnachtsmusik? Nun, betrachte sie als kostenlose Gehirnwäsche-Sitzung. Nach dem zwanzigsten „Jingle Bells" bist du entweder immun oder so tiefenentspannt, dass dir der ganze Trubel nichts mehr anhaben kann.

Die Kunst liegt darin, die Vorweihnachtszeit als das zu sehen, was sie wirklich ist: Eine groß angelegte Verschwörung, um uns alle ein bisschen verrückt zu machen. Aber keine Angst, mit den richtigen Überlebensstrategien (und einer großen Portion Galgenhumor) wirst du diese Zeit nicht nur überstehen, sondern vielleicht sogar genießen.

Also, schnall dich an, pack deine Nerven in Geschenkpapier und deine Geduld in eine hübsche Schleife. Die Vorweihnachtszeit ist da, und du bist bereit, sie zu rocken – oder zumindest, sie nicht schreiend zu verlassen.

Ho, ho, holy moly, here we go!

DIE VERRÜCKTESTE CHRISTBAUMKUGEL DER WELT

Bevor wir uns gemeinsam in die Untiefen der Feiertage stürzen, lass uns erstmal in die richtige Stimmung kommen. Und was schreit mehr „Weihnachten" als eine völlig übertriebene, grelle und kitschige Weihnachtskugel?

Erschaffe die ausgefallenste, geschmackloseste und übertriebendste Weihnachtskugel, die die Welt je gesehen hat. Hier ist deine Chance, all den angestauten Frust über Weihnachtsdeko-Terror kreativ auszuleben.

Lass deiner Fantasie freien Lauf! Je mehr Glitzer, desto besser. Farben, die normalerweise nicht einmal im selben Raum sein sollten? Perfekt! Du hast noch ein paar Pailletten von der letzten Faschingsparty übrig? Drauf damit!

Denk daran: In der Weihnachtswelt des Kitsches gibt es kein „Zu viel". Deine Kreation sollte so strahlen, dass selbst der Weihnachtsmann eine Sonnenbrille braucht. Sie sollte so überladen sein, dass jeder vernünftige Tannenast unter ihrer Last zusammenbrechen würde.

Dies ist deine Chance, all den Weihnachtswahnsinn in einem einzigen Objekt zu kanalisieren. Wer weiß, vielleicht erschaffst du dabei versehentlich ein Meisterwerk moderner Kunst? Oder zumindest etwas, das deine Verwandten sprachlos macht - was ja auch schon ein Geschenk für sich wäre.

7

MEINE TOCHTER WÜNSCHT SICH EIN PONY ZU WEIHNACHTEN. BIS JETZT GAB ES ZWAR IMMER GANS, ABER IST VIELLEICHT MAL WAS ANDERES.

DEIN VERMÄCHTNIS FÜR DIE EWIGKEIT

Es wird höchste Zeit, dass du deinen ganz persönlichen Stempel auf das Fest der Feste drückst. Vergiss Gänsebraten und Geschenke unterm Baum – wir sprechen hier von Traditionen, die so schräg sind, dass selbst dein Onkel Herbert, der sich jedes Jahr als Weihnachtsgurke verkleidet, vor Neid erblassen wird.

Stell dir vor: In 100 Jahren sitzen deine Ururenkel zusammen und sagen: „Ach ja, jetzt ist es wieder Zeit für das alljährliche Wettkegeln mit gefrorenen Früchtekuchen!" Und das alles nur, weil du, ja genau DU, mutig genug warst, eine neue, völlig absurde Weihnachtstradition zu erschaffen.

Aber Vorsicht! Dies ist kein Scherz. Mit großer Macht kommt große Verantwortung. Durch die Tradition, die du hier etabliert, verpflichtest du dich hiermit feierlich, jedes verdammte Jahr durchzuführen. Egal ob Regen, Schnee oder Apokalypse – deine Tradition muss bestehen!

etzt bist du am Zug! Schreibe deine Tradition hier auf, male oder beschreibe, wie sie aussehen soll. Denk daran: Je absurder, desto besser! Wer weiß, vielleicht wirst du in ein paar Generationen als der verrückte Urahn gefeiert, der Weihnachten für immer verändert hat.

Meine neue Weihnachtstradition:

_____

_____

_____

So wird sie durchgeführt:

Skizze/Illustration:

OH TANNENBAUM

Ho, ho, ho, du Bastel-Experte! Dachtest du, Weihnachtsbäume müssen immer riesig, schwer und teuer sein? Falsch gedacht! Heute erschaffst du dein eigenes Miniatur-Weihnachtswunder.

Deine Mission, solltest du sie annehmen (und das wirst du, denn dieses Buch ist kein Wunschkonzert): Sammle auf deinem nächsten Winterspaziergang, Waldausflug oder notfalls im Vorgarten deines Nachbarn ein paar Tannennadeln. Aber Vorsicht, nicht erwischen lassen - niemand möchte Weihnachten im Kittchen verbringen!

Zurück zu Hause geht's ans Eingemachte. Klebe die Nadeln kunstvoll auf diese Seite und erschaffe deinen eigenen, einzigartigen Tannenbaum. Ob klassisch dreieckig, modern abstrakt oder in Form deines Lieblingstieres - deiner Kreativität sind keine Grenzen gesetzt!

Bonus-Punkte gibt's für selbstgebastelte Mini-Deko. Wie wäre es mit winzigen Kugeln aus Kaugummipapier oder einer Lichterkette aus Pfefferkörnern? Vergiss nicht, einen Stern aus Alufolie auf die Spitze zu setzen!

Wer braucht schon echte Bäume, wenn man so ein Meisterwerk haben kann?

13

ROSEN SIND ROT, DER GLÜHWEIN WAR HEIF, FUNGE VERBRANNT, WAF FÜR EIN FEIFF!

DIE „LAST CHRISTMAS" GLÜHWEIN-CHALLENGE

Oh du Fröhliche, oh du Selige... Moment, falsches Lied! Hier kommt deine ganz persönliche „Last Christmas" Herausforderung. Jedes Mal, wenn George Michael dir sein Herz schenken will, kommst du hierher zurück und spendierst diesen Seiten einen Tropfen Glühwein und kreierst so ein einzigartiges Kunstwerk.

ONKEL HEINZ, TANTE ERNA UND CO.

Liebe Verwandte, bitte geht mir an Weihnachten auf den Keks!

Es ist wieder soweit: Die Weihnachtszeit naht mit großen Schritten, und damit auch die unvermeidliche Konfrontation mit der lieben Verwandtschaft. Jene Menschen, die man das ganze Jahr über gekonnt meidet, sitzen plötzlich in trauter Runde zusammen und bohren mit Fragen, die man eigentlich nicht beantworten möchte. „Und, wie läuft's mit der Liebe?" – „Immer noch Single, wie ich sehe!" – „Was machst du jetzt nochmal genau beruflich?" Die Freude ist grenzenlos.

Onkel Heinz, seines Zeichens passionierter Geschichtenerzähler, holt zum gefühlt hundertsten Mal seine Anekdoten aus dem Krieg heraus. Währenddessen mustert Tante Erna kritisch deine neue Frisur. Und dann ist da noch deine Cousine, die nicht müde wird zu betonen, wie perfekt ihr Leben doch ist - natürlich inklusive Top-Job, Traumhaus und Bilderbuch-Familie. Während du dir insgeheim denkst: „Wenn dein Leben so perfekt ist, warum nervst du mich dann damit?", nickst du verständnisvoll und nippst an deinem Glas Glühwein. Oder war da mehr Rum als Glühwein drin? Nachschenken, bitte!

Aber hey, es ist Weihnachten – das Fest der Liebe, der Vergebung und der guten Vorsätze. Also warum nicht auch den Vorsatz fassen, die nervigen Verwandten einfach mit Humor zu nehmen? Betrachte sie als eine Art weihnachtliches Entertainment, eine humoristische Live-Show, die du dir einmal im Jahr gönnst. Und wenn der Rum im Glühwein nicht mehr ausreicht, um die Stimmung zu heben, denk einfach daran: Es sind nur ein paar Stunden. Stunden, die sich zwar anfühlen wie eine Ewigkeit in Zeitlupe, aber auch die gehen vorbei.

Bis dahin heißt es: Lächeln, nicken, tief durchatmen und insgeheim von den ruhigen Tagen nach Weihnachten träumen. Denn spätestens dann hast du deine Verwandten wieder für ein Jahr abgehakt und kannst in trauter Zweisamkeit mit Netflix, den Resten vom Weihnachtsbraten und einer Flasche von dem guten Wein kuscheln.

Und wer weiß – vielleicht entdeckst du ja doch noch die eine oder andere liebenswerte Seite an deinen Verwandten. Wenn nicht, gibt's ja immer noch den Rum. Frohe Weihnachten!

I. ADVENT

Der erste Advent ist da, und du weißt, was das bedeutet: Die große Konsumschlacht hat begonnen! Aber warum sollten wir uns mit normalen Wünschen zufriedengeben? Das wäre ja viel zu einfach.

Erschaffe die ultimative Wunschzettel-Collage aus Werbeprospekten - aber nur mit Dingen, die kein Mensch auf diesem Planeten wirklich braucht. Je nutzloser, desto besser! Klebe deine Fundstücke wild durcheinander auf diese Seite.

DIÄTPLAN FÜR WEIHNACHTEN:

BESONDERS VIELE PLÄTZCHEN FÜR ALLE FREUNDE BACKEN.
JE DICKER DIE WERDEN, DESTO SCHLANKER SEHE ICH AUS.

DIE KUNST DES PASSIV-AGGRESSIVEN WEIHNACHTSSCHMÜCKENS

Was wär die Zeit der erzwungenen Fröhlichkeit und des Familienwahnsinns ohne die richtige Dekoration?

Hier sind 5 Tipps, wie du deine Wohnung in ein Meisterwerk der passiv-aggressiven Festtagsstimmung verwandelst:

1. Der Tannenbaum des Grauens: Schmücke deinen Baum ausschließlich mit kaputten Kugeln und durchgebrannten Lichterketten. Kröne das Ganze mit einem völlig deplatzierten Borat-Poster als Baumspitze.

2. Krippenfiguren der besonderen Art: Ersetze Maria und Josef durch Darth Vader und Leia. Das Jesuskind? Ein Minion tut's auch. Wenn jemand fragt, erkläre todernst, das sei deine Interpretation der modernen Familie.

3. Hänge statt Tannenzweigen Knoblauchzöpfe auf. Erkläre besorgt, du wolltest nur Vampire fernhalten — man weiß ja nie, wer sich unter den Verwandten versteckt.

4. Weihnachtsbeleuchtung der anderen Art: Forme aus deinen Lichterketten ein riesiges „HILFE" an der Fensterscheibe.

5. Geschenke-Präsentation: Wickle alle Geschenke in braunes Packpapier ein. Verzichte auf Schleifen. Nenne es „Umweltbewusstes Schenken".

Denk dran: Der Schlüssel zum perfekten passiv-aggressiven Weihnachtsschmücken liegt in der subtilen Balance zwischen Festtagsstimmung und unterschwelliger Verzweiflung.

Frohe Feiertage! Möge dein Glühwein stark und deine Geduld mit der Familie unendlich sein.

Klebe hier ein Foto deiner besten Weihnachtsdeko ein.

DER WEIHNACHTSMARKT KATER -
EINE FESTLICHE KATASTROPHE

Du erwachst in einer Welt des Schmerzes. Dein Kopf fühlt sich an, als hätte der Weihnachtsmann höchstpersönlich mit seinem Schlitten eine Vollbremsung auf deiner Stirn hingelegt. Die Zunge - ein pelziger Fremdkörper in deinem Mund, der verdächtig nach einer Mischung aus Glühwein und schlechten Entscheidungen schmeckt.

Langsam dämmert dir, was passiert ist.

Du versuchst, dich aufzurichten, aber dein Körper entscheidet sich für eine Interpretation von „Alle Jahre wieder" - alle Jahre wieder Übelkeit, Schwindel und Reue. Der Tannenbaum in der Ecke sieht dich vorwurfsvoll an. Oder sind das zwei Tannenbäume? Verdammt.

Du greifst zum Handy, in der Hoffnung, dass die letzten 12 Stunden nur ein böser Traum waren. 27 verpasste Anrufe, 15 besorgte WhatsApp-Nachrichten und ein Foto von dir, wie du den Weihnachtsmann-Pappaufsteller umarmst, sagen etwas anderes.

Willkommen im Weihnachtskater-Wunderland. Wo die Glocken in deinem Kopf klingeln, der Schlitten auf deinem Magen fährt und du schwörst, nächstes Jahr wird alles anders.

Der amerikanische Star Koch Anthony Bourdain hatte ein legendäres Kater-Rezept: Aspirin, eiskalte Cola, ein Joint und scharfes Sichuan-Essen. Du schleppst dich in die Küche, findest aber nur abgestandenen Kaffee, eine angebrochene Packung Lebkuchen und Omas selbstgemachten Schnaps.

Naja, wird schon irgendwie wirken.

Kreiere dein eigenes, unschlagbares Kater-Rezept und bewahre es gut auf — für alle zukünftigen festlichen Katastrophen! Blättere zur nächsten Seite, wenn der Tag gekommen ist, an dem du dieses Rezept brauchst.

Du hast es tatsächlich aus dem Bett geschafft! Jetzt brauchst du definitiv eine Unterlage für dein kulinarisches Katastrophen-Buffet. Benutze diese Seite als Unterlage für dein Katerfrühstück.

Lass deinen Spiegeleiern freien Lauf und kreiere abstrakte Kunstwerke aus verschüttetem Kaffee und Lebkuchenkrümeln. Bonus-Punkte gibt's für Fettflecken in Form von Rentieren.

29

WEIHNACHTSMARKT IST,
SOLANGE GLÜHWEIN ZU TRINKEN, BIS MAN SACHEN AUS FILZ TOLL FINDET.

31

TO-DO-LISTE FÜR EIN „BESINNLICHES" WEIHNACHTSFEST

- ○ Ohropax besorgen, um Omas Fragen nach Enkelkindern elegant zu überhören

- ○ Verstecke im Haus für spontane Heulkrämpfe auskundschaften

- ○ Notfall-Geschenke für vergessene Verwandte besorgen (Staubfänger aus dem Keller tun's auch)

- ○ Lächeln üben für den Moment, wenn Tante Erna ihr selbstgestricktes „Kunstwerk" überreicht

- ○ Wetten abschließen, wer dieses Jahr den Familienstreit startet

- ○ Kalorien-Tracking-App löschen. Was an Weihnachten gegessen wird, bleibt an Weihnachten

- ○ Einen Schneemann bauen und ihm all deine Probleme anvertrauen. Er wird schmelzen, deine Probleme leider nicht

- ○ „Zufällig" den Akku des Handys leeren, um Anrufe zu vermeiden

- ○ Eine Flasche Schnaps unter dem Weihnachtsbaum verstecken.
  Für Notfälle. Oder als Frühstück.

DIESE SEITE IST EIN GUTSCHEIN FÜR 1 x SCHNEE AN WEIHNACHTEN.

Anleitung:

1) Gutschein sorgfältig entlang der gestrichelten Linie ausschneiden.

2) In kleine Schnipsel zerreiben.

3) In die Luft werfen.

Tipp: Kopiere dir diese Seite, um den Gutschein immer wieder zu verwenden.

WIE MAN KOCHKATASTROPHEN, DIÄTPLÄNE UND ALKOHOL ÜBERLEBT

Weihnachten, das Fest der Liebe, des Friedens und... des Fressens. Jetzt ist die Zeit gekommen, all die guten Vorsätze über Bord zu werfen und sich dem kulinarischen Exzess hinzugeben. Aber Vorsicht: Das perfekte Weihnachtsessen ist eine Herausforderung, die nicht für schwache Nerven geeignet ist.

Zunächst gilt es, Kochkatastrophen elegant zu umschiffen. Du hast den Braten zu lange im Ofen gelassen und er ähnelt nun mehr einem Stück Kohle als einem saftigen Stück Fleisch? Kein Problem, serviere ihn einfach als „Winterbarbeque-Spezialität" und behaupte, das sei das neueste Food-Trend aus den USA. Wenn die Soße versalzen ist, kippe einfach literweise Wein hinein – das macht sie nicht besser, aber deine Gäste vergessen nach dem dritten Glas eh, wie sie schmeckt.

Apropos Gäste: Höchstwahrscheinlich hat mindestens einer von ihnen gerade einen neuen Diätplan am Start. Ob Low-Carb, Paleo oder Intervallfasten – irgendein Ernährungstrend ist immer im Umlauf. Deine Aufgabe als Gastgeber? Diese Diätpläne gekonnt zu sabotieren. Serviere „versehentlich" die fetteste Soße zur kalorienreduzierten Putenbrust und tausche den zuckerfreien Nachtisch durch eine Mousse au Chocolat aus, die mehr Kalorien hat als eine durchschnittliche Hauptmahlzeit.

Und wenn doch jemand stur bleibt? Dann genieße eben selbst die doppelte Portion – ist ja schließlich Weihnachten.

Kommen wir zum wichtigsten Punkt: Dem strategischen Alkoholkonsum. Grundregel Nummer eins: Fange früh an, höre spät auf. Ein Gläschen Sekt zum Frühstück, um in Feiertagsstimmung zu kommen, ein Aperitif vor dem Essen, um den Magen auf die bevorstehenden Strapazen vorzubereiten, Wein zum Essen, weil es einfach dazugehört und ein Digestif zum Abschluss, um das Völlegefühl zu bekämpfen. Aber Achtung: Trink in Maßen – du willst schließlich nicht, dass Onkel Heinz am Ende doch noch lustig wird.

Fazit: Das perfekte Weihnachtsessen ist ein Drahtseilakt zwischen kulinarischem Hochgenuss, Diätsabotage und Alkoholmanagement. Aber mit ein bisschen Kreativität, Durchhaltevermögen und einer guten Portion Humor meisterst du auch diese Herausforderung.

DEIN LIEBLINGSREZEPT FÜR DIE WEIHNACHTSZEIT

Jeder hat es, dieses eine Gericht, das einfach zu Weihnachten dazugehört wie der Baum und die nervigen Verwandten. Ob es nun Omas legendärer Plätzchenklassiker ist oder deine eigene Kreation, die du „Festtagspunsch" nennst, aber eigentlich nur Rum mit einer Spur Cola ist – hier ist der perfekte Platz, um es festzuhalten.

Also, schreibe dein Lieblingsrezept auf diese Seite und benutze das Buch direkt beim Kochen. Lass Soßenspritzer, Fettflecken und Mehlstaubspuren als Beweise deines kulinarischen Engagements zurück.

Denn mal ehrlich: Ein sauberes Kochbuch hat noch niemand so richtig ernst genommen.

WEIHNACHTSSTIMMUNG ZUM ANFASSEN

Keine Sorge, dieses Buch hält schon einiges aus! Zünde eine Kerze an, lass das Wachs auf diese Seite tropfen und erschaffe dein eigenes festliches Kunstwerk.

Aber pass auf deine Finger auf - Brandwunden sind eine Sache, die man zu Weihnachten wirklich nicht gebrauchen kann. Es sei denn, du brauchst eine Ausrede, um nicht abwaschen zu müssen.

DIE DREI GROSSEN WEIHNACHTSMARKT LÜGEN:
1. EIN
2. GLÜHWEIN
3. REICHT

41

2. ADVENT

Heute ist der perfekte Zeitpunkt, um ein bisschen Chaos zu stiften. Reiß den unteren Teil dieser Seite heraus, schreibe eine "nette" Botschaft zum 2. Advent drauf (je sarkastischer, desto besser) und mogele sie jemandem in die Tasche. Bonuspunkte, wenn du sie unbemerkt platzierst und später die Reaktion beobachtest.

Herzlichen Glückwunsch! Du hast den zweiten Advent erreicht – den Punkt, an dem dein innerer Weihnachtself komplett durchdreht und Panik schiebt.

Plötzlich merkst du, dass Weihnachten nicht mehr "bald" ist, sondern "HEILIGE SCHEISSE, IN ZWEI WOCHEN!". Deine To-Do-Liste wächst schneller als der Bart des Weihnachtsmanns. Du kämpfst dich durch Einkaufszentren wie ein Marathonläufer auf Steroiden, nur um festzustellen, dass du keine Ahnung hast, was Tante Erna eigentlich mag – außer meckern.

In der Arbeit ist die Hölle los. Dein Chef hat beschlossen, dass nichts weihnachtlicher ist als Überstunden. Gleichzeitig musst du dich durch Berge von Lebkuchen kämpfen, die wohlmeinende Kollegen anschleppen. Dein Magen rebelliert, aber dein Gewissen zwingt dich, jeden einzelnen zu probieren.

Im Supermarkt wirst du von den immer gleichen Weihnachtsliedern terrorisiert, während du verzweifelt versuchst, die letzte Packung Vanillekipferl zu ergattern. Die Schlange an der Kasse scheint bis zum Nordpol zu reichen, und du fragst dich, ob du hier eventuell alt werden wirst.

Aber keine Sorge! In zwei Wochen liegst du erschöpft, aber glücklich unter dem Baum, eingewickelt in Geschenkpapier und high von Zimtsternen, und schwörst dir:

Nächstes Jahr wird alles anders! (Spoiler: Du lügst.)

DIE HEILIGEN DREI TOP NERVTÖTER DER WEIHNACHTSZEIT

Weihnachten, die Zeit der Besinnlichkeit, des Friedens und... der musikalischen Folter. Du kennst sie, du hasst sie, und doch verfolgen sie dich vom Supermarkt bis zum Klo deiner Oma: Die Weihnachtslieder, die dir das Fest der Liebe zur Hölle auf Erden machen.

Welche Melodien bringen dich dazu, Rudolphs rote Nase als Boxsack zu missbrauchen? Welcher Ohrwurm lässt dich den Weihnachtsbaum am liebsten schreddern? Schreib sie auf und exorziere diese musikalischen Dämonen ein für alle Mal!

_____

_____

_____

Kleide diese Seite entsprechend der aktuellen Wettervorhersage.

DIE GROßE SCHNEE-VERARSCHE

Du frierst dir den Arsch ab, deine Nase läuft wie ein kaputter Wasserhahn und trotzdem sieht die Landschaft aus wie ein depressiver Novembertag und dein Auto wie ein Schlammmonster. Willkommen zur jährlichen Schnee-Lüge!

Meteorologen, diese sadistischen Wetterfeen, flüstern uns süße Lügen von weißer Weihnacht ins Ohr. Währenddessen verwandelt Mutter Natur unsere Winterträume in eine matschige Apokalypse. Es ist, als würde sie uns den Stinkefinger zeigen, während sie hysterisch lacht.

Du hast dir einen Schlitten gekauft? Wie süß. Der wird jetzt eine fantastische Staubfang-Dekoration in deinem Keller. Deine Kinder wollen einen Schneemann bauen? Klar, aus Matsch und zertrampeltem Gras. Wird bestimmt... interessant.

Die einzigen weißen Flocken, die du siehst, sind die Schuppen auf deinem schwarzen Pullover. Dein Weihnachtspullover mit Schneeflocken-Muster wirkt so passend wie ein Bikini in der Arktis.

Aber sieh´s positiv: Kein Schnee bedeutet auch kein Schneeschippen. Am Ende bleibt dir nur eins: Kauf dir eine Schneekugel, schüttel sie wild und starr sie an, bis deine Augen brennen. Das ist jetzt deine weiße Weihnacht.

Genieß es, du armer Tropf.

Mal wieder kein Schnee, sondern nur brauner Matsch vor der Tür? Kein Problem! Stelle dich auf diese Seiten. Stampfe darauf herum, wische deine Schuhe ab. Genieße den kurzen Moment festlicher Frustbewältigung.

Entkomme dem Weihnachtswahnsinn und finde den Weg zur Freiheit. Aber Vorsicht: Ein falscher Schritt, und du sitzt fest in einem endlosen Weihnachtsdinner mit den Schwiegereltern.

WUNSCHZETTEL DER VERZWEIFLUNG

Schnapp dir Zeitschriften, schneide die Buchstaben daraus wild aus und bastle einen Wunschzettel, der aussieht, als hätte ein durchgeknallter Elf auf Glühwein-Entzug einen Erpresserbrief geschrieben.

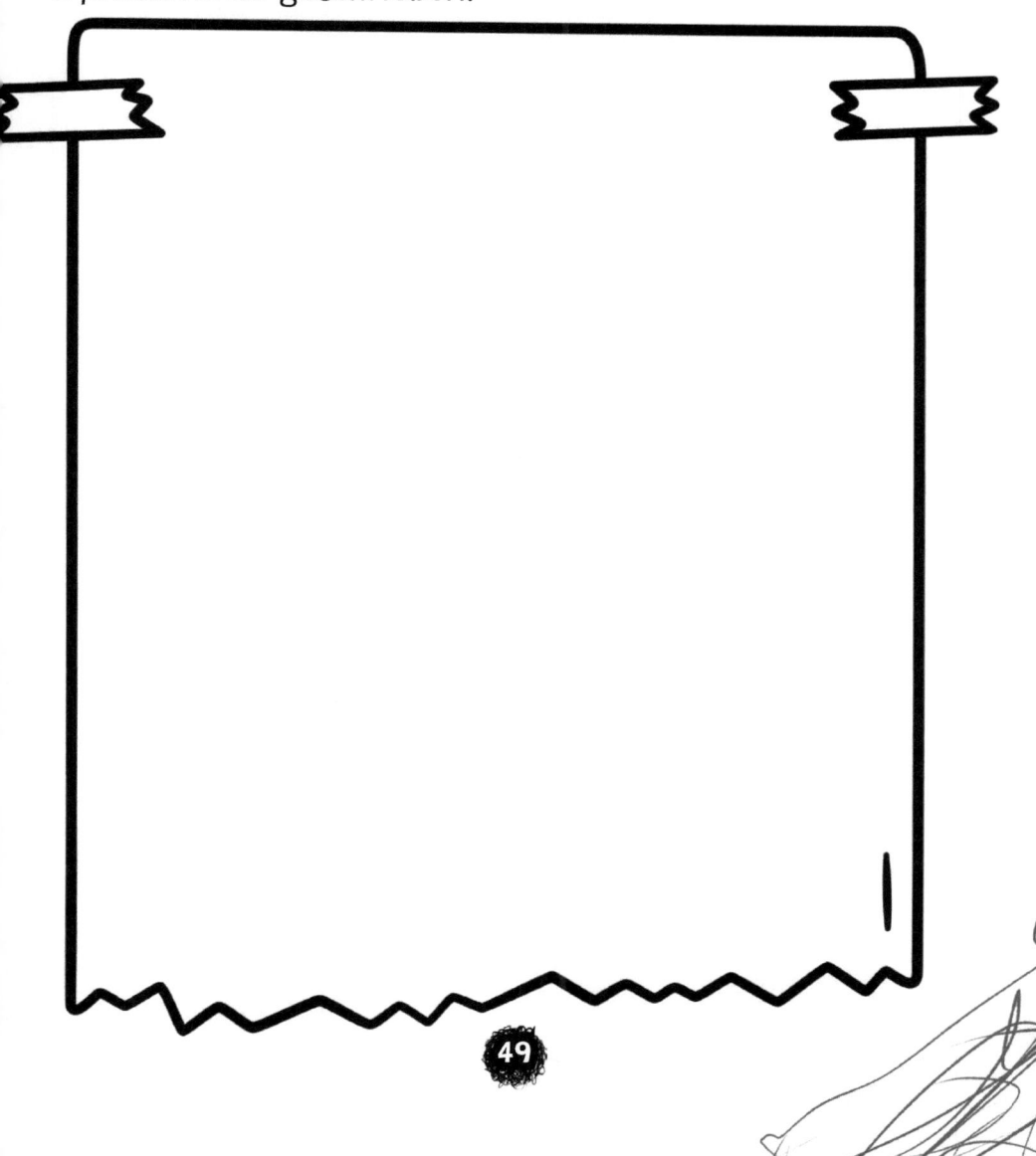

DER GROßE PARKPLATZ-SHOWDOWN: WEIHNACHTLICHES AUTOSPORT FÜR ANFÄNGER

Ein besonders nervtötender Moment: Die Parkplatzsuche in der Vorweihnachtszeit. Wo der Asphalt mit den Tränen frustrierter Autofahrer getränkt ist und die Luft vor Verzweiflung knistert.

Du dachtest, du wärst clever, indem du „nur kurz" in die Stadt fährst? Falsch gedacht, Sherlock. Du bist jetzt Teil eines epischen Kampfes, einer darwinistischen Auslese auf vier Rädern.

Siehst du den freien Parkplatz dort vorne? Vergiss es. Er ist eine Fata Morgana, ein grausamer Scherz des Universums. Sobald du näher kommst, wird er von einem Kleinwagen besetzt, der aus dem Nichts auftaucht wie ein ninja-mäßiger Stadtflitzer. Jeder Zentimeter zählt in diesem Tetris aus Blech und Gummi. Du manövrierst dein Auto in Lücken, von denen du schwören könntest, sie wären zu klein für einen Einkaufswagen. Aber wer braucht schon beide Seitenspiegel?

Die wahren Helden sind jene, die stundenlang im Kreis fahren, in der Hoffnung, dass irgendein armer Tropf aufgibt und nach Hause fährt. Sie sind die modernen Ritter der Straße, bewaffnet mit Geduld und einer vollen Tankfüllung.

Am Ende parkst du irgendwo am Stadtrand, kilometerweit von deinem eigentlichen Ziel entfernt. Aber sei stolz! Du hast überlebt. Du bist Teil dieser grandiosen Tradition des vorweihnachtlichen Wahnsinns.

Nächstes Jahr nimmst du einfach den Bus. Oder besser noch: Bleib zuhause und bestell online. Dein Blutdruck wird es dir danken.

ICH HABE VERSUCHT,
PLÄTZCHEN ZU
BACKEN.
ES GIBT
WURFSTERNE.

DAS GROßE WEIHNACHTSKARTEN-MASSAKER

Schnapp dir die Weihnachtskarten deiner nervigsten Verwandten und Nachbarn. Zerschneide sie in kreativen Wutanfällen zu bizarren Formen und dekoriere diese Seite mit den Überresten deiner „lieben" Wünsche.

Lass deiner Fantasie freien Lauf und kreiere dein ganz persönliches Weihnachtskarten-Gruselkabin

DER WEIHNACHTS-
MANN HAT SEIN
GANZES GELD
VERSOFFEN, AUF
WEIHNACHTS-
GESCHENKE BRAUCHST
DU NICHT MEHR ZU
HOFFEN.

57

1. Tropfe, kleckse oder schmiere hier etwas drauf. (Glühwein, Kerzenruß, zerquetschte Plätzchen – sei festlich kreativ!)

2. Klappe das Buch zu und massiere es sanft

3. Öffne und staune über dein Fest der Sinne.

DAS GROßE WEIHNACHTSMARKT-GEDRÄNGE

Stell dir vor, Sardinen hätten einen Fanclub gegründet — so fühlt sich ein Besuch auf dem Weihnachtsmarkt an. Du bist umzingelt von einer Meute Glühwein-süchtiger Zombies, die sich durch die Gassen schieben wie eine einzige, nach Zimt stinkende Masse.

Dein Ziel? Eine Tasse des heißen Zaubertranks, der dich vergessen lässt, dass du gerade freiwillig in diesem Chaos stehst. Aber Vorsicht: Der Weg zur Glühweinbude gleicht einem Hindernisparcours für Fortgeschrittene. Du musst dich an vorbeiziehenden Kinderwagen vorbeiquetschen, Rentner-Gangs ausweichen und gleichzeitig verhindern, dass dir irgendein Trottel seinen Glühwein über deine neue Winterjacke kippt.

Hast du es endlich geschafft? Gratulation! Jetzt darfst du deinen Glühwein im Stehen genießen, eingekeilt zwischen schwitzenden Körpern, während du verzweifelt versuchst, nicht umgestoßen zu werden. Prost!

Die wahren Helden sind jene, die es schaffen, sich mit vier Bechern durch die Menge zu manövrieren, ohne einen Tropfen zu verschütten. Sie verdienen eine Medaille — oder zumindest einen Gratis-Nachschlag.

Am Ende des Abends riechst du nach einer Mischung aus Glühwein, Bratwurst und fremdem Schweiß. Das ist der Duft der Weihnacht! Genieß es, du tapferer Weihnachtsmarkt-Krieger. Bis zum nächsten Jahr — wenn du den Wahnsinn schon wieder vergessen hast.

61

WEIHNACHTS-WAHNSINN-TRACKING

Male jedes Mal, wenn du eine nervige weihnachtliche Situation erlebst, einen grimmigen Weihnachtsmann aus.

Zum kompletten Ausmalen dieser Seite habe ich
_____ Familienfeiern benötigt.

Tipp: Wenn die Seite zu schnell voll wird, ist es vielleicht Zeit für einen doppelten Glühwein.

WAS TREIBT DICH SCHNELLER IN DEN WEIHNACHTSWAHNSINN?

☐ NIKOLAUS | WEIHNACHTSMANN ☐

☐ ADVENTSKALENDER | CHRISTBAUM SCHMÜCKEN ☐

☐ WEIHNACHTSMÄRKTE | GLÜHWEINGELAGE ☐

☐ „STILLE NACHT" | „LAST CHRISTMAS" ☐

☐ LEBKUCHENHAUS BAUEN | PLÄTZCHEN BACKEN ☐

☐ FESTTAGSGANS |
KARTOFFELSALAT MIT WÜRSTCHEN ☐

☐ WEIHNACHTSPULLOVER |
RENTIERGEWEIH-HAARREIFEN ☐

☐ WUNSCHZETTEL SCHREIBEN |
NEUJAHRSVERSPRECHEN ☐

☐ KERZEN ANZÜNDEN |
LICHTERKETTEN ENTWIRREN ☐

WEIHNACHTLICHES
CHAOS-TAGEBUCH

Verewige hier die Überreste deines Feiertagswahnsinns. Nähe ein Stück vom hässlichsten Geschenkpapier ein, klebe einen Krümel vom misslungenen Weihnachtsgebäck dazu oder tacker einen Fetzen von der Weihnachtskarte deines nervigsten Verwandten fest. Je chaotischer, desto besser – lass deiner weihnachtlichen Verzweiflung freien Lauf!

ICH KOMME SO
LANGSAM
IN WEIHNACHTS
STIMMUNG.
ICH SAGE JETZT
NICHT MEHR
"SCHEISSE",
SONDERN
"HEILIGE
SCHEISSE"!

3. ADVENT

Herzlichen Glückwunsch, du hast es bis zum 3. Advent geschafft, ohne deine Verwandten zu erwürgen oder den Weihnachtsbaum anzuzünden. Nur noch eine Woche bis zum großen Fest der Liebe, des Friedens und der passiv-aggressiven Kommentare über dein Liebesleben.

Während deine Nachbarn ihre Häuser in leuchtende Monumente des Kitschs verwandeln, fragst du dich, ob du dieses Jahr vielleicht doch noch schnell zum Buddhismus konvertieren solltest.

Überall blinken Lichter wie ein Verhörzimmer auf Ecstasy, Weihnachtslieder foltern deine Ohren, und du schwörst, dass die Schoko-Weihnachtsmänner dich mit ihren leeren Augen verfolgen. Dein einziger Trost? In einer Woche ist der ganze Spuk vorbei, und du kannst wieder in Ruhe in deinem Zynismus schmoren.

Aber bis dahin heißt es: Durchhalten! Und damit du nicht komplett ausrastest, hier deine Aufgabe: Schnapp dir eine Orange, eine Zitrone oder irgendeine andere Zitrusfrucht, die du auftreiben kannst. (Wenn alle Stricke reißen, tut's auch das Fläschchen Limoncello, das deine Tante letztes Jahr mitgebracht hat.) und reibe diese Seiten damit ein, bis sie ganz wunderbar duften.

Diese Aromatherapie sollte dich davon abhalten, den Weihnachtsmann zu kidnappen und Lösegeld in Form von Ruhe und Frieden zu fordern. Zumindest vorerst.

Fülle die Lücken aus und erschaffe deinen eigenen zynischen Wunschzettel an den Weihnachtsmann:

Lieber Weihnachtsmann, du alter _____ !

Ich weiß, ich war dieses Jahr ein _____ .
Aber lass uns ehrlich sein, du bist auch nicht gerade ein _____ .

Für dieses Weihnachten wünsche ich mir:

Einen Sack voll _____ , um sie _____ an den Kopf zu werfen.

Ein _____ Rentier, das _____ kann.

Genug _____ , um die Feiertage zu überleben.

Die Fähigkeit, _____ zu können, wennl _____ wieder _____ .

Ein _____ Alibi für den Fall, dass ich doch noch den Weihnachtsbaum _____ .

Wenn du das schaffst, verspreche ich, nächstes Jahr nur noch _____ Mal zu fluchen und höchstens _____ Verwandte zu _____ (Verb).

Falls du diese Wünsche nicht erfüllen kannst, kannst du dir deine _____ sonstwo hinstecken!

Mit _____ Grüßen,

Dein _____

P.S.: Die Kekse sind vergiftet. Frohe Weihnachten!

Nichts sagt „Frohe Weihnachten" wie eine Prise gut getarnter Boshaftigkeit. Hier ist deine Chance, deinen nervigsten Verwandten zu zeigen, wie sehr du sie „schätzt". Gestalte deine eigene passive-aggressive Weihnachtskarte. Je süßlicher die Verpackung, desto giftiger der Inhalt!

WEIHNACHTEN:
EINEM BAUM BEIM STERBEN ZUSEHEN UND FRÖHLICHE LIEDER DAZU SINGEN.

MALE DEN BEKLOPPTEN BÖSEN ZWILLING VOM WEIHNACHTSMANN UND SEIN RENTIER AUS.

SCHIMPFWÖRTER ZU VERSCHENKEN.

NIMM DIR BEI BEDARF GERNE EINS WEG.

FUCK YOU

ARSCHLOCH

GEH SCHEIßEN!

IDIOT

HODENKOBOLD

DEINE MUTTER

DEN KINDERN ZU WEIHNACHTEN WAS SELBSTGE BASTELTES SCHENKEN, DAMIT SIE MAL WISSEN, WIE ICH MICH FÜHLE

Finde die versteckten Schimpfwörter und lass deinen Frust mit jedem gefundenen Wort ein Stückchen mehr los.

I	S	F	T	Q	J	C
D	O	B	V	S	V	I
I	R	Y	I	Y	K	X
O	E	U	K	U	C	W
T	S	L	C	Z	P	X
N	H	Y	Ü	E	O	A
Z	C	S	T	T	Q	R
S	I	Y	S	S	P	B
A	W	O	T	G	C	P
I	S	U	S	L	P	I
J	L	X	I	G	O	C
F	T	N	M	M	S	F
M	B	G	L	S	A	Z
V	E	R	F	I	C	K

F	E	L	Z	D	L	J
E	ß	Z	Q	P	D	R
M	I	C	D	X	A	C
Z	E	N	M	D	R	F
X	H	T	O	R	S	P
H	C	V	V	E	C	O
R	S	L	J	C	H	K
M	H	P	W	K	L	M
V	N	C	A	S	O	M
V	L	O	J	A	C	U
F	Z	E	Y	C	H	D
K	Y	Q	F	K	L	M
P	E	N	N	E	R	K
T	C	C	M	G	B	V

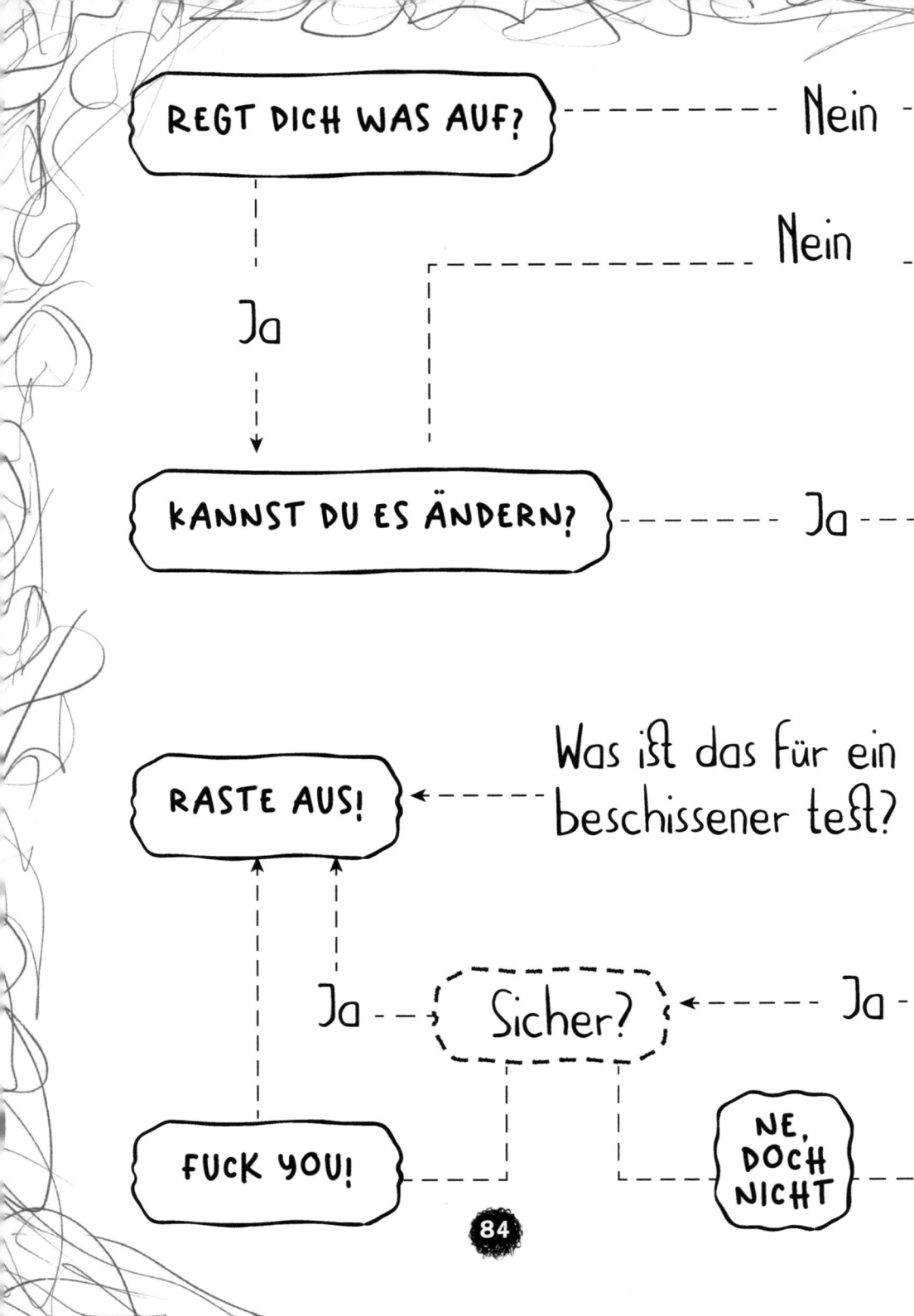

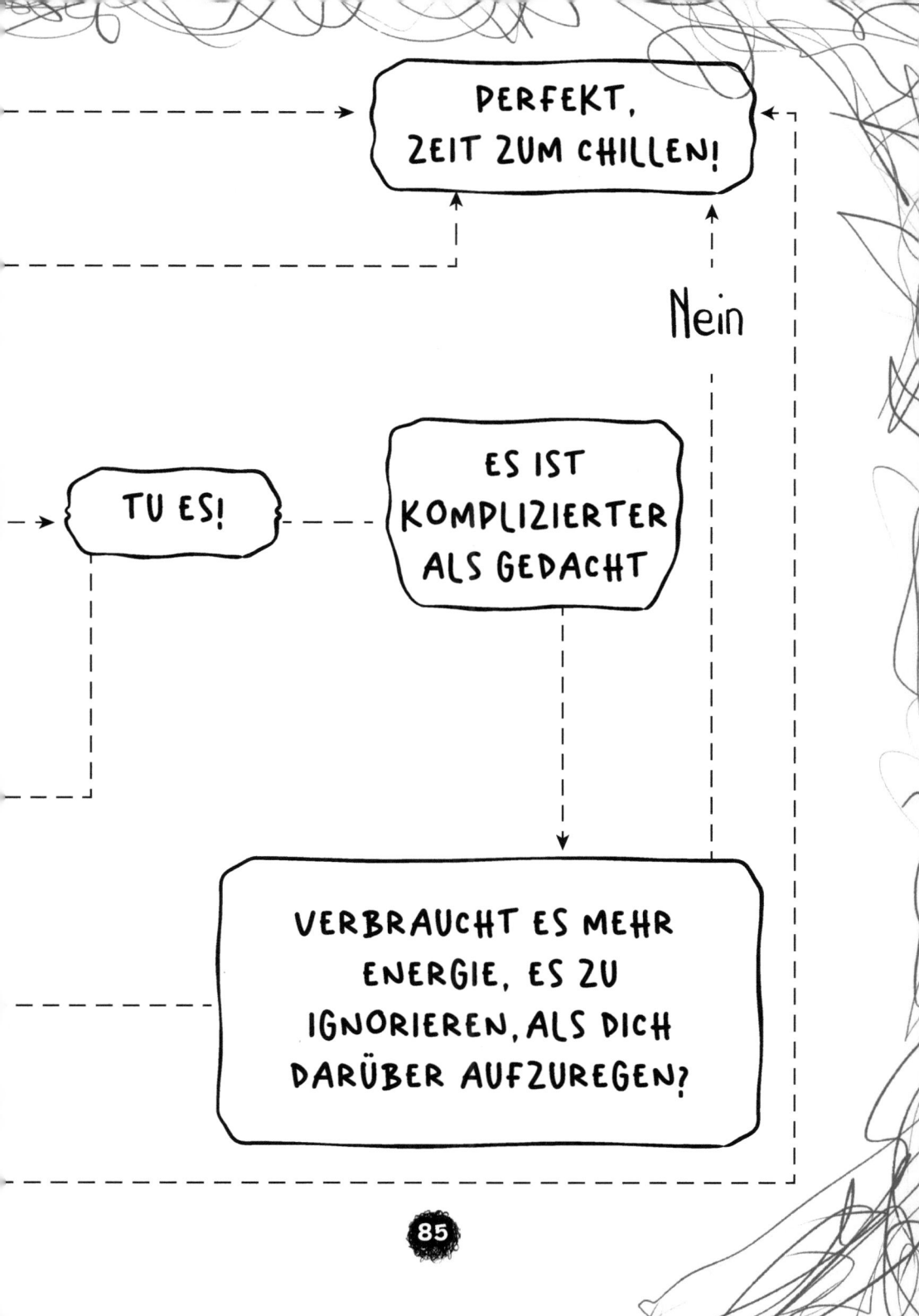

PERFEKT,
ZEIT ZUM CHILLEN!

Nein

TU ES!

ES IST
KOMPLIZIERTER
ALS GEDACHT

VERBRAUCHT ES MEHR
ENERGIE, ES ZU
IGNORIEREN, ALS DICH
DARÜBER AUFZUREGEN?

FÜLLE DIESE SEITEN MIT KREISEN. FRAG NICHT
WARUM, MACH'S EINFACH.

DIE KUNST, SICH SELBST NACH WEIHNACHTEN NICHT KOMPLETT ZU HASSEN

Es wird die Zeit kommen, wenn der Glühweinrausch verflogen ist und die harte Realität wie ein Schlag ins Gesicht trifft. Plötzlich findest du dich umgeben von Geschenken, die du nie wolltest, einem Körper, der sich anfühlt wie ein prall gefüllter Kartoffelsack und dem nagenden Gefühl, dass du dieses Jahr wirklich, wirklich etwas ändern solltest.

Lass uns mit den Geschenken anfangen, dieser materiellen Manifestation gut gemeinter Fehleinschätzungen. Da ist der selbstgestrickte Pullover von Tante Erna, der aussieht, als hätte ein farbenblinder Yeti ihn im Delirium gefertigt. Klar, du könntest ihn wegwerfen, aber dann riskierst du den Fluch der ewigen Familienschuld. Also ab damit auf eBay — wo er wahrscheinlich in einem düsteren Winkel des Internets versauern wird, genau wie deine Hoffnung auf geschmackvolle Geschenke.

Dann ist da noch die Frage der Ernährung. Nach Wochen, in denen du Plätzchen als Grundnahrungsmittel betrachtet hast, schreit dein Körper nach etwas Grünem — und nein, Gummibärchen zählen nicht. Du schwörst dir, nur noch Salat zu essen, wohl wissend, dass du spätestens in einer Woche wieder Pizza bestellst, denn Leben ist kurz und Pizzaboten existieren aus einem Grund.

Zu guter Letzt die mentale Entgiftung. Du machst dir eine Liste von Neujahrsvorsätzen, so ambitioniert, dass selbst Supermänner in Rente neidisch wären. "Dieses Jahr werde ich ein besserer Mensch", schwörst du dir, während du insgeheim weißt, dass "besser" bedeutet, dass du vielleicht, nur vielleicht, deine Socken sortierst, bevor der Sommer kommt.

Am Ende bleibt die Erkenntnis: Post-Weihnachts-Detox ist wie eine Diät — voller guter Absichten, aber meistens zum Scheitern verurteilt. Aber wenigstens hast du bis nächstes Jahr Zeit, dir einzureden, dass du es diesmal wirklich durchziehst.

Prost auf die Selbsttäuschung — sie hält uns alle am Leben!

DIE 5 STUFEN DER WEIHNACHTSEIN- KÄUFE:

1) VERWEIGERUNG
2) ES IST DOCH NOCH ZEIT
3) IDEENLOSIGKEIT
4) ZORN
5) PANIKKÄUFE

4. ADVENT

Gratulation! Du hast es bis zum 4. Advent geschafft, ohne komplett durchzudrehen. Jetzt bist du in der finalen Phase des vorweihnachtlichen Wahnsinns — dem Endspurt der Selbstbelügung.

„Klar schaffe ich noch alle Geschenke!" lügst du dir ins Gesicht, während du panisch durch Online-Shops scrollst. Deine To-Do-Liste ist länger als der Bart des Weihnachtsmanns, aber Schlaf ist sowieso überbewertet.

Du schmückst hektisch den Baum, während du gleichzeitig Plätzchen backst und versuchst, dich an den Text von „Oh Tannenbaum" zu erinnern. Multitasking at its finest!

Dein Geldbeutel weint, dein Verstand schwankt, aber dein Festtagslächeln sitzt — zumindest bis sich die Tür hinter dem letzten Gast schließt.

DAS GROBE WEIHNACHTS-BULLSHIT-BINGO

Erstelle dein persönliches Weihnachts-Bullshit-Bingo! Fülle das Raster unten mit den nervigsten Phrasen, die du in den nächsten Tagen garantiert hören wirst. Beispiele:

1. "Nächstes Jahr fange ich früher an!"

2. "Oh, du hättest wirklich nichts kaufen sollen..."

3. "Schmeckt fast wie bei Oma!"

4. "Hast du zugenommen?"

Bonus: Spiel es heimlich auf deiner Familienfeier. Wenn du eine Reihe voll hast, darfst du dir hinter verschlossenen Türen die Haare raufen oder einen Schnaps trinken. Oder beides.

ÜBERLEBT UND IMMER NOCH AM LEBEN: EIN WEIHNACHTSWUNDER!

Lieber Leidensgenosse des Weihnachtswahnsinns,

wenn du das hier liest, hast du es geschafft. Du hast dich durch dieses Buch gekämpft, vermutlich mit mehr Ausdauer als beim Geschenke-Einpacken. Gratulation! Du bist jetzt offiziell Experten im Überlebenskampf gegen besinnlichen Bullshit.

Ich hoffe, dieses Buch hat dir geholfen, die Feiertage mit einem Grinsen (oder zumindest einem Schnauben) zu überstehen. Vielleicht hast du sogar ein paar neue Wege gefunden, um deine Frustration kreativ auszuleben — ohne dabei verhaftet zu werden.

Falls du jetzt denkst: "Mann, der Typ hat echt 'nen Knall" — Danke, das nehme ich als Kompliment. Wer bei Weihnachten nicht mindestens ein bisschen durchdreht, hat's nicht richtig gemacht.

Und denk dran: Die Erinnerungen an diesen Weihnachtswahnsinn werden dich begleiten, auch wenn die Seiten dieses Buches jetzt voll (oder zerstört)l sind.

In diesem Sinne: Frohe Weihnachten und einen guten Rutsch ins neue Jahr der Desillusionierung!

Dein treuer Komplize im Chaos

Max

P.S.: Falls ihr Rechtschreibfehler gefunden habt — das waren eingebaute Easter eggs. Ehrlich.

IMPRESSUM

Für Fragen und Anregungen:
info@dulangon-verlag.de

ISBN: 978-3-910661-39-4

Originalausgabe
Erste Auflage 2024
© 2024 Imprint der Dulangon LLC, St. Petersburg, US

Redaktion: Marianne Link
Lektorat und Korrektorat: Peter Klausen
Covergestaltung: Danileoart, www.danileoart.com
Satz und Layout: Danileoart